AF453293

BIBLIOTHEQUE MORALE

In-18 2me Série.

ANNIBAL LE CARTHAGINOIS.

ANNIBAL

LE

CARTHAGINOIS.

LIMOGES
ANCIENNE MAISON BARBOU FRÈRES
CH. BARBOU, ÉDITEUR
Avenue du Crucifix.

ANNIBAL LE CARTHAGINOIS.

Dès qu'Annibal parut dans l'armée carthaginoise, il attira sur lui les yeux et la faveur des troupes. Les vieux soldats surtout croyaient voir revivre en lui Amilcar son père et leur ancien général. Ils remar-

quaient les mêmes traits, la même
vigueur martiale dans l'air du visage,
la même vivacité dans le regard ;
mais bientôt cette ressemblance avec
son père devint le moindre des mo-
tifs qui lui gagnèrent tous les cœurs.
En effet, jamais un même caractère
ne fut plus heureusement disposé
que le sien à deux choses aussi con-
traires que l'obéissance et le commandement : aussi eût-il été difficile
de décider qui le chérissait le plus
du général ou des soldats. S'il s'agis-
sait d'exécuter quelque entreprise
qui demandait de la vigueur et du
courage, Asdrubal, son général, le
choisissait de préférence à tout autre,
et les troupes n'avaient jamais plus

de confiance que quand elles marchaient sous sa conduite. Personne n'avait plus d'intrépidité que lui lorsqu'il fallait s'exposer au péril; personne n'avait plus de présence d'esprit dans le péril même. Nulle fatigue ne pouvait dompter ni les forces de son corps ni la fermeté de son courage. Il supportait également le froid et le chaud. Le plaisir n'avait aucune part à son repos, et il réglait le boire et le manger sur les seuls besoins de la nature. Il ne connaissait point la distribution du jour et de la nuit pour marquer les heures du travail et du repos. Il donnait au sommeil le temps qui lui restait après qu'il avait terminé ses affaires,

et il ne cherchait, pour se le procu-
rer, ni le silence ni un lit délicat. On
le trouvait souvent couché par terre,
enveloppé dans une casaque de soldat, parmi les sentinelles et les corps-
de-garde. Il ne se distinguait point
de ses égaux par la magnificence de
ses habits, mais par la beauté de ses
chevaux et de ses armes. Il était en
même temps le meilleur homme de
pied et le meilleur cavalier de l'armée. Il allait toujours le premier au
combat, et n'en revenait jamais que
le dernier. De si grandes qualités se
joignaient, en lui, à des vices qui
n'étaient pas moins grands. Une
cruauté inhumaine, une perfidie
plus que carthaginoise, nul respect

pour la vérité ni pour ce qu'il y a de plus sacré parmi les hommes ; nulle crainte des dieux, nul égard pour la sainteté des serments, nul sentiment de religion. Avec ce mélange de grandes et mauvaises qualités, il servit trois ans sous Asdrubal, et s'appliqua à étudier les plus habiles généraux et à pratiquer lui-même, dans l'occasion, tout ce qui peut former un grand capitaine.

RÉGULUS EST VAINCU AUX PORTES DE CARTHAGE ET FAIT PRISONNIER PAR XANTIPPE.

De victoire en victoire Régulus s'étant avancé jusque sous les murs de Carthage, résolut d'en faire le siége. Les habitants, effrayés, demandèrent la paix. Le général ro-

main ne refusa pas d'entrer en né-
gociation ; mais, aveuglé par ses succès, il fit des propositions honteuses
pour les Carthaginois; elles portaient
qu'ils remettraient aux Romains toutes les places qui leur restaient, soit
en Sicile, soit en Sardaigne ; qu'ils
rendraient sans rançon tous les prisonniers faits sur la république ;
qu'ils paieraient les frais de la guerre
et un tribut annuel ; qu'ils ne pour-
raient mettre en mer qu'un seul vaisseau de guerre ; qu'ils fourniraient à
la république, toutes les fois qu'elle
l'exigerait, cinquante galères équi-
pées, et qu'ils ne feraient ni guerre,
ni alliance, qu'avec le consentement
du sénat. Comme les députés de

Carthage se récriaient sur la dureté de ses conditions, il répondit qu'il fallait savoir vaincre ou savoir se soumettre.

Les Carthaginois voyant que la paix qu'on leur offrait était une vraie servitude, la rejetèrent avec indignation. Cependant, sans généraux et n'ayant que des soldats, s'ils pouvaient armer encore, ils désespéraient de vaincre. Telle est l'extrémité où ils étaient réduits, lorsque le hasard leur offrit un général dans un soldat lacédémonien, qui arriva avec d'autres mercenaires : il se nommait Xantippe. Ce Spartiate ayant appris les circonstances de la dernière bataille, connut facilement pourquoi

2

elle avait été perdue. La liberté avec laquelle il en parla, et qui dans tout autre conjoncture aurait pu lui être funeste, attira l'attention du sénat, qui voulut l'entendre. Il répéta devant les sénateurs ce qu'il avait déjà dit : il fit voir que la république pouvait vaincre, si elle savait faire usage de ses forces; en un mot, il parla en capitaine instruit, et on lui donna le commandement de l'armée. Sans doute la nécessité étouffa tout sentiment de jalousie.

L'armée des Carthaginois était de douze mille hommes de pied, de quatre mille chevaux et d'environ cent éléphants. On connut bientôt l'habileté du Lacédémonien, à la manière dont il en fit mouvoir toutes les parties; et les soldats, pleins de confiance, n'attendaient que le moment du combat.

Régulus fut d'abord surpris de voir les Carthaginois campés dans la plaine contre leur coutume. Il ne pouvait les attaquer qu'avec désavantage. Cependant si, après avoir évité le combat, il y était forcé, lorsque ses troupes auraient été découragées, le désavantage aurait été encore plus grand. Il crut donc n'avoir pas à délibérer, et il se flatta que tous les lieux devenaient égaux pour une armée victorieuse. Mais il fut entièrement défait. Cinq cents Romains, du nombre desquels il était, furent faits prisonniers ; deux mille, qui échappèrent, se retirèrent à Aspis : tout le reste périt.

Nous l'avons déjà remarqué plus d'une fois, il ne faut qu'un seul homme pour changer la face d'un état. J'ajouterai que cet homme ne manque presque jamais : ce sont ceux qui gouvernent qui ne savent pas le découvrir.

SIÉGE ET PRISE DE SAGONTE PAR ANNIBAL.

Annibal ayant résolu d'attaquer
Sagonte, ville alliée des Romains,
entre sur son territoire à la tête d'une
armée formidable, après avoir dévas-

té ses campagnes, met le siége devant la ville, qu'il attaque par trois côtés à la fois : un angle de la muraille donnait sur uue vallée plus unie et plus découverte que tout le terrain des environs ; ce fut par cet endroit qu'il se proposa de conduire les galeries qui devaient le mettre en état de battre la muraille à coups de béliers. Tant qu'on fut loin de la mer, le terrain, assez uni, favorisait les approches ; mais il s'en fallut de beaucoup qu'on éprouvât les mêmes faci ités, lorsqu'on en vint à effectuer les attaques. D'abord, il y avait une tour immense qui dominait tous les ouvrages ; ensuite, comme on s'était défié de la faiblesse de cet endroit, on avait donné à cette partie des murs bien plus de force et d'élévation qu'à tout le reste ; et puis, c'était là où se montrait le plus grand péril, que s'était postée l'élite des guerriers, qui à de plus grands efforts opposait une plus grande vigueur. D'abord ils font pleuvoir sur l'ennemi une grêle de traits ; les travailleurs ne pouvaient se montrer un instant à découvert sans être criblés : ensuite ils ne se bornent plus à lancer leurs javelines du haut des murs et de la tour ; leur résolution va jusqu'à tenter des sorties sur les ouvrages et sur les postes ennemis, et dans tous ces petits combats il ne périssait guère moins de Carthaginois que de

Sagontins. Enfin, Annibal lui-même, s'avançant au pied du mur, fut grièvement blessé à la cuisse d'une demi-pique qui le renversa par terre, et alors il y eut une telle épouvante et une telle confusion, qu'il s'en fallut de bien peu que les ouvrages et les galeries ne fussent abandonnés.

Les attaques furent interrompues pendant quelques jours jusqu'à la guérison d'Annibal, et dans cet intervalle le siége ressemblait à un blocus; mais s'il y eut cessation de combats, on n'en pressa que plus vivement la construction des ouvrages et tous les apprêts des machines. Les attaques recommencèrent donc tout de nouveau avec plus de vigueur que

jamais ; on fit, par beaucoup d'en-
droits, les approches des galeries et
du bélier, quoiqu'il y en eût quel-
ques-uns où la nature du terrain opposait de grands obstacles. Annibal
avait du monde de reste ; car on croit
assez généralement que son armée
montait à cent cinquante-mille hommes. Les assiégés, pour tout défen-
dre et tout surveiller, furent obligés
de diviser considérablement leurs
forces. Le mur commençait à ne plus
résister ; car il était battu par les
béliers, et plusieurs parties étaient
déjà endommagées ; une, entre autres, où il s'était fait une large brè-
che, laissait de ce côté la ville à découvert ; ensuite trois tours, et la

muraille qui se trouvait entre elles,
étaient tombées avec un horrible fracas, et les Carthaginois s'étaient flat-
tés que cet écroulement déciderait la
prise de la place. Les deux partis
s'avancent sur cette ouverture avec
la même résolution que si chacun eût
eu devant soi un rempart pour se
couvrir. Il n'y avait rien qui ressem-
blât à ces attaques irrégulières qu'on
voit dans tous les siéges, lorsqu'un
parti tombe brusquement sur l'autre;
c'était comme deux armées réguliéres
rangées en face; c'était comme un
champ de bataile entre les décombres
du mur et les maisons de la ville pla-
cées à quelque distance. D'un côté
l'espoir; de l'autre, le désespoir

même irrite les courages, les Carthaginois se croyant déjà maîtres de la
place pour peu qu'ils fassent un dernier effort, les Sagontins couvrant
leur patrie de leurs corps à la place
de ses murs, et nul ne lâchant pied
pour ne pas voir occuper par l'ennemi le terrain qu'il aurait abandonné.
Aussi, comme ils mettaient de l'a-
charnement à se combattre, et que
de part et d'autre ils se serraient de
très-près, les blessures se multi-
pliaient à l'infini ; il ne restait plus
entre l'armure et le corps, d'espace
vide où les traits pussent porter à
faux.

Le combat fut longtemps indécis :
enfin, le courage des Sagontins s'é-

tant accru, par cela seul qu'ils ré-
sistaient contre toute espérance, et
les Carthaginois se regardant comme
vaincus, parce qu'ils n'avaient pas
été victorieux, tout à coup les assiégés poussent un cri terrible et font
reculer l'ennemi jusqu'aux ruines du
mur ; là ses bataillons s'embarrassant
dans les décombres, ils profitent de
ce désordre pour le pousser encore
plus loin, et enfin l'ayant mis en
pleine déroute, ils le rejettent dans
son camp.

Pendant que les Romains perdent
le temps à envoyer des ambassades,
Annibal poursuit l'exécution de son
projet. Comme il vit ses soldats fatigués des combats et des travaux qu'ils

avaient essuyés sans relâche, il leur accorda quelques jours de repos : il laissa seulement quelques détachements pour la garde des mantelets et des autres ouvrages, et pendant ce temps il s'attache à rallumer leur courage, tantôt par la colère dont il les aiguillonne contre l'ennemi, tantôt par l'espoir des récompenses. Mais quand on eut proclamé dans une assemblée générale, qu'à la prise de la ville tout le butin serait pour le soldat, alors il éclata de toutes parts un tel enthousiasme que, si on leur eût donné le signal sur-le-champ, rien n'eût semblé capable de leur résister. De leur côté, les Sagontins s'étaient interdit aussi toute

sortie pendant le temps que les Carthaginois avaient suspendu leurs attaques ; mais ils n'avaient cessé ni
jour ni nuit de travailler à recons-
truire un nouveau mur dans la partie
où le vaste écroulement de l'ancienne
muraille avait laissé leur ville tout
ouverte. Bientôt les attaques recommencèrent avec plus de fureur que
jamais ; et les assiégés, étourdis par
les clameurs confuses qui partaient
de tous les côtés à la fois, ne pouvaient trop savoir où ils devaient
porter d'abord les secours, et quelles
étaient les parties les plus menacées.
Annibal comptait beaucoup sur les
effets d'une tour mobile qui s'avan-
çait sur la place, et qui surpassait

en hauteur toutes les fortifications de la ville. Il était là en personne, pour animer tout de sa présence. Une fois arrivée au pied de la muraille, la tour, au moyen des catapultes et des balistes disposées à tous les étages, eut bientôt nettoyé le mur des combattants, et alors Annibal, saisissant le moment favorable, envoie cinq cents Africains environ avec des haches pour saper le mur par le pied. Ce n'était pas un travail difficile ; comme les pierres n'étaient pas liées avec la chaux, et qu'on n'avait employé qu'un mortier de terre, suivant l'ancienne méthode de construction, chaque coup qu'on donnait détachait, à droite et à gauche, des portions de

murs, et bientôt la bréche fut assez
large pour recevoir des bataillons
entiers. Entrés dans la ville, ils s'em-
parent d'une hauteur où ils établis-
sent des catapultes et des balistes,
et voulant se faire, dans la ville même,
une espèce de citadelle qui dominât
tout le reste, ils entourent d'une muraille l'enceinte de cette hauteur. De
leur côté, les Sagontins construisent
un nouveau mur dans la partie inté-
rieure de la ville, qui n'était pas encore au pouvoir de l'ennemi. De part
et d'autre on met une activité extrème
à se fortifier et à combattre ; mais
tous ces retranchements intérieurs,
que les Sagontins étaient forcés d'é-
lever pour leur défense, rappetis-

saient leur ville de plus en plus. D'ailleurs chaque jour d'un aussi long siége accroît leur dénûment en même temps qu'il diminue leurs espérances, les Romains, leur unique ressource, étant si loin, et tout ce qui les entourait étant livré à leurs ennemis. Il y eut un moment pourtant où leurs esprits se relevèrent un peu de cet abattement, ce fut lorsqu'ils apprirent le départ précipité d'Annibal, qui avait été forcé de marcher contre les Orétans et les Carpétans. Ces deux peuples, révoltés de la rigueur avec laquelle on poussait les levées dans leur pays, avaient arrêté les préposés d'Annibal, ce qui lui avait fait craindre un soulèvement. Sa célérité les prévint, au moment où ils se disposaient à prendre les armes.

Les opérations du siége ne furent point ralenties pendant cette expédition. Maharbal, fils d'Himilcon, qu'Annibal avait laissé pour commander à sa place, déploya tant de vigueur et d'activité, que ni l'armée ni l'ennemi ne purent s'apercevoir de l'absence du général. Il tenta plusieurs attaques qui réussirent; avec trois béliers qu'il faisait agir à la fois, il renversa une partie de muraille, et, au retour d'Annibal, il put lui montrer de toutes parts de nouveaux monceaux de ruines. Il ne restait donc plus qu'à forcer la citadelle, et l'armée s'y porte sur-le-champ. Cette attaque, extrêmement meurtrière de part et d'autre, finit par la prise d'une partie de la citadelle. Les assiégés étaient réduits à ces déplorables extrémités, lorsqu'ils députèrent Alcon vers Annibal pour négocier la paix. Mais comme il leur proposait des conditions trop dures, les habitants, livrés aux plus affreux désespoir, font porter au forum tous les trésors, les jettent sur un bûcher allumé à la hâte, et se précipitent eux-mêmes dans les flammes. Tandis que cet événement occupait toute la ville par l'étonnement et l'effroi qu'il avait causé, on entend, du côté de la citadelle, un fracas horrible qui ne donne pas moins d'alarme ; c'était une tour, battue depuis longtemps, et qui venait de s'écrouler. Une cohorte carthaginoise, s'élançant au travers des ruines, avait reconnu que les postes ordinaires n'étaient plus gardés, que la ville était sans défense.

Annibal fit aussitôt attaquer avec la totalité de ses forces, et en très-peu de temps il fut maître de la ville.

L'ordre était donné de faire main basse sur tout ce qui était en âge de porter les armes. Tout barbare qu'était cet ordre, l'événement fit voir qu'il était nécessaire ; car que pouvait-on épargner, ou de ceux qui, s'étant enfermés dans leurs maisons avec leurs femmes et leurs enfants, y mirent eux-mêmes le feu et s'en firent un bûcher, ou de ceux qui, restant toujours armés, ne cessèrent de combattre qu'en expirant?

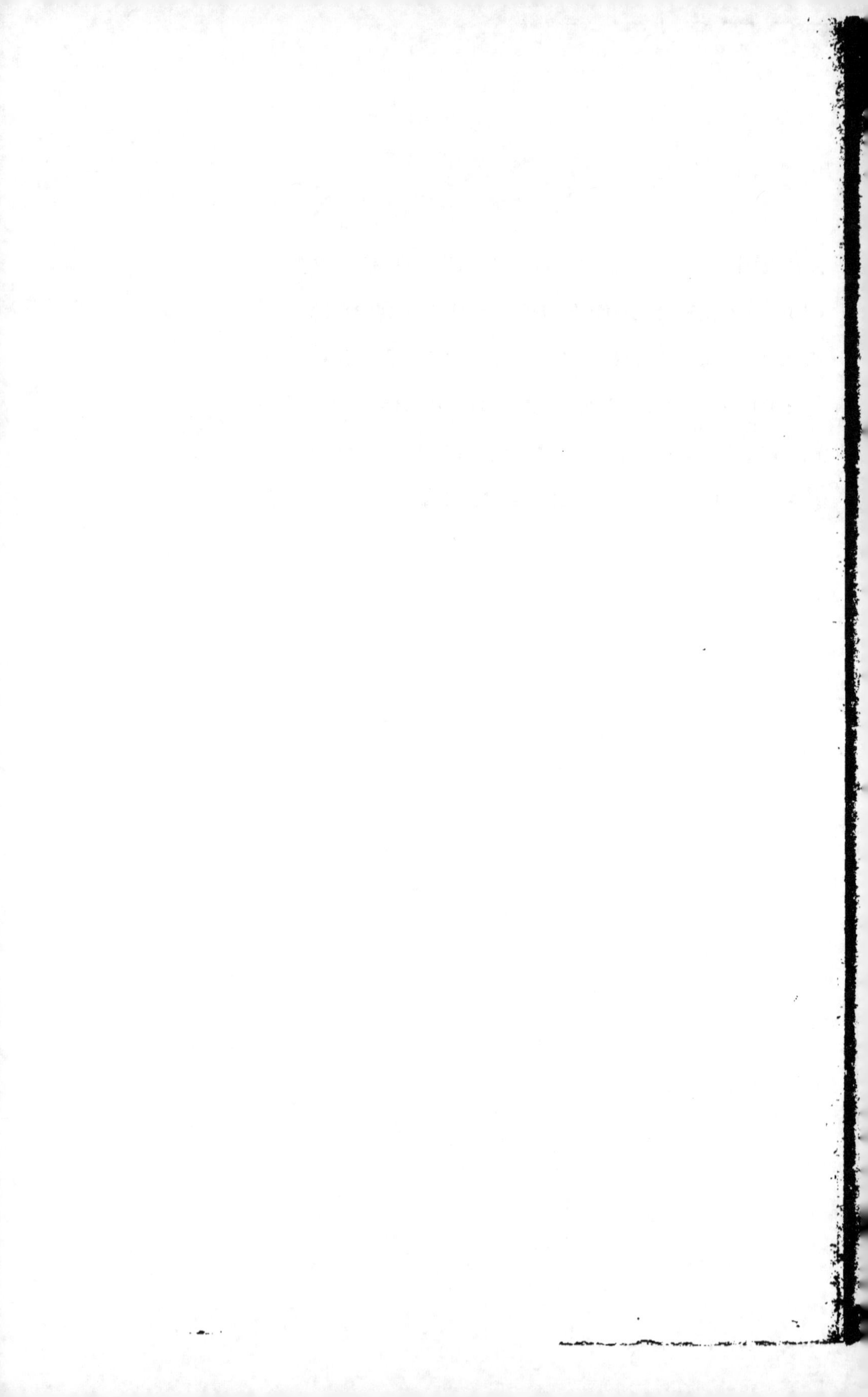

PASSAGE DES ALPES PAR ANNIBAL.

Après avoir marché pendant dix
jours et avoir fait environ huit cents
stades (quarante lieues), on arriva
au pied des Alpes. La vue de ces
montagnes, qui semblaient toucher
au ciel, qui étaient couvertes partout

de neige, où l'on ne découvrait que quelques cabanes informes, dispersées çà et là et situées sur des pointes de rochers inaccessibles, que des troupeaux maigres et transis de froid, que des hommes chevelus d'un aspect sauvage et féroce ; cette vue, dis-je, renouvela la frayeur qu'on avait déjà conçue de loin, et glaça de crainte tous les soldats.

Annibal, dès le matin, s'avança vers les sommets, faisant mine de les franchir de jour en jour et à la vue des barbares. Mais les soldats, accablés d'une grêle de cailloux et de grosses pierres, s'arrêtèrent tout court comme ils en avaient reçu ordre. Annibal, ayant ainsi passé le jour dans des tentatives inutiles, mais qu'il réitérait à dessein de mieux tromper l'ennemi, campa dans le même lieu et s'y retrancha. Dès qu'il se fut assuré que les montagnards avaient abandonné cette éminence, il fit allumer une grande quantité de feux, comme s'il eût voulu rester là avec toute son armée. Mais, y ayant laissé ses bagages avec la cavalerie et la plus grande partie de l'infanterie, il se mit lui-même à la tête des plus braves, passa avec eux le défilé, et s'empara des mêmes sommets que les barbares venaient de quitter. A la pointe du jour, le gros de l'armée carthaginoise décampa et se mit en de-

voir d'avancer. Les ennemis, au signal que l'on avait coutume de leur
donner, sortaient déjà de leurs forts
pour aller prendre leur poste sur
leurs rochers, lorsqu'ils aperçurent
une partie des Carthaginois au-des-
sus de leurs têtes, tandis que les autres étaient en marche, mais ils ne
perdirent pas courage. Accoutumés
à courir sur ces rochers, ils descen-
dent sur les Carthaginois qui étaient
dans le chemin, et les harcèlent
de tous côtés. Ceux-ci avaient en
même temps à combattre contre
l'ennemi et à lutter contre la difficul-
té des lieux, où ils avaient peine à
se soutenir. Mais le grand désordre fut causé par les chevaux et les

bêtes de somme chargés du bagage, qui, effrayés des cris et des hurlements des Gaulois, que les montagnes faisaient retentir d'une manière horrible, et blessés quelquefois par les montagnards, se renversaient sur les soldats, et les entraînaient avec eux dans les précipices qui bordaient le chemin.

Après neuf jours de marche, Annibal arriva enfin au sommet des montagnes ; il y demeura deux jours, tant pour faire prendre haleine à ceux qui étaient montés heureusement que pour donner aux traîneurs le temps de rejoindre le gros. Pendant ce séjour, on fut agréablement surpris de voir reparaître la plupart des chevaux et des bêtes de charge qui avaient été abattus dans la route, et qui, sur les traces de l'armée, étaient venus droit au camp.

On était alors sur la fin d'octobre, et il avait tombé récemment beau oup de neige qui couvrait tous les chemins, ce qui jeta le trouble et le découragement parmi les troupes. Annibal s'en aperçut; et, s'étant arrêtés sur une hauteur d'où l'on découvrait toute l'Italie, il leur montra les campagnes fertiles du Piémont arrosées par le Pô, euxquelles ils touchaient presque, ajoutant « qu'il ne fallait » plus qu'un léger effort pour y arri- » ver. » Il leur représenta « qu'un » ou deux petits combats allaient

» finir glorieusement leurs tr vaux
» et les enrichir pour toujours en les
» rendant maîtres de la capitale de
» l'empire romain. » Ce discours,
plein d'une si flatteuse espé ance, et
soutenu de la vue de l'Itaue, rendit
l'allégresse et la vigueur aux troupes
abattues. On continua donc de marcher, mais la route n'en était pas
devenue plus aisée : au contraire,
comme c'était en descen lant, la dif-
ficulté et le danger augmentaient,
d'autant plus que du côté de l'Italie
la pente des Alpes est plus droite et
plus ra de. Ainsi ils ne trouvaient
presque partout que des chemins es-
carpés, étroits, glissants, en sorte
que les soldats ne pouvaient se sou-

tenir en marchan', ni s'arrêter lorsqu'ils avaient fait un mauvais pas,
mais tombaient les uns sur les autres, et se renversaient mutuellement.

Pour peu que l'on soit accoutumé
à l'histoire avec réflexion, on ne peut
s'empêcher d'admirer un dessein
aussi grand, aussi noble, aussi hardi
que celui d'Annibal, qui entreprend
de traverser quatre cents lieues de
pays, de passer les Pyrénées, le Rhô-
ne, les Alpes, pour aller attaquer les
Romain dans le centre même de leur
empire, sans être arrêté par les diffi-
cultés sans nombre qui devaient im-
manquablement se rencontrer dans
un pareil dessein.

ANNIBAL SE TIRE D'UN MAUVAIS
PAS PAR RUSE.

Quand il fut temps de prendre des
quartiers d'hiver, Annibal voulut re-
tourner dans la Pouille, parce que la
Campanie ne pouvait plus fournir à
sa subsistance ; mais lorsqu'il voulut

repasser les défilés par ou il était venu dans les plaines de Capoue, il les trouva occupés. Quatre mille hommes, que Fabius avait détachés, s'en étaient saisis, et ce général s'était retranché sur une colline qui commandait les défilés. Les Carthaginois, campés dans la plaine, se virent enfermés entre les rochers de Formies, les marais de Minturne et les Romains, qui avaient derrière eux Capoue et le Samnium. Une ruse les tira de ce mauvais pas.

Annibal choisit, parmi les bœufs qui se trouvaient dans le butin, deux mille des plus forts. Il fit attacher à leurs cornes des fagots de sarment et d'autre bois sec et menu ; et, au milieu de la nuit, pendant que les armées à la légère gagnaient les hauteurs et se répandaient de côté et d'autre avec grand bruit, les pionniers poussèrent les bœufs jusqu'au sommet d'une montagne qui était entre le camp des Carthaginois et les défilés, et mirent le feu aux fagots qu'on avait attachés aux cornes de ces animaux : les bœufs, d'abord effrayés à la vue des feux qu'ils portaient sur leur tête, et bientôt après, brûlés jusqu'au vif, devinrent furieux, se dispersèrent dans les bois, répandirent le feu partout où ils passaient.

Les Romains, qui étaient à la garde du défilé, ne pouvaient rien comprendre à ces flammes qui paraissaient les envelopper. Les uns se croient investis par l'ennemi et prennent la fuite ; les autres pensent qu'Annibal s'empare des hauteurs et courent pour l'en chasser : tous, en un mot, abandonnent leur poste et laissent le passage libre aux Carthaginois. Fabius ne sortit point de ses retranchements : étonné de ce qu'il voyait, il ne voulut rien hasarder pendant les ténèbres de la nuit. Le jour, qu'il attendait, lui apprit qu'Annibal lui avait échappé.

BATAILLE DE CANNES. — DÉFAITE DE L'ARMÉE ROMAINE.

Varron, irrité d'une nouvelle insulte des Numides, qui avaient poursuivi un corps de Romains presque jusqu'aux portes du camp, prit résolument son parti de donner la bataille

le lendemain, où il devait commander : car le commandement roulait
entre les deux consuls d'un jour à un
autre. En effet, dès le matin du jour
suivant, il fit avancer ses troupes
pour donner le combat, sans consul-
ter son collègue. Paul Emile le suivit,
ne pouvant se dispenser de le secon-
der, quoiqu'il n'approuvât nullement
son entreprise.

Les deux armées s'ébranlèrent et
en vinrent aux mains. Après l'attaque
des soldats armés à la légère de part
et d'autre, qui ne fut qu'une espèce
de prélude, l'action commença par
les deux ailes de la cavalerie du côté
de l'Aufide. L'aile gauche d'Annibal,
qui était un vieux corps au courage

duquel il devait principalement ses
succès, attaque la droite des Romains
avec tant de force et de violence, qu'ils
n'avaient jamais rien éprouvé de sem-
blable. Ce combat ne se fit point à la
manière ordinaire des combats de
cavalerie, tantôt en reculant, tantôt
en revenant à la charge, mais de pied
ferme, en avançat sur une même
ligne, parce qu'ils n'avaient point
assez d'espace pour caracoler, et
qu'ils étaient pressés d'un côté par le
fleuve et de l'autre par l'infanterie.
Le choc devint furieux, et il était
également soutenu de part et d'autre,
sans qu'on pût voir encore de quel
côté tournerait la victoire, lorsque
les cavaliers romains, selon une cou-

tume assez ordinaire dans leurs troupes, et qui réussit quelquefois, mais qui fut un cri fort mal placé, sautèrent de cheval, mirent pied à terre, et combattirent en fantassins. Quand Annibal l'eut appris, il s'écria : « Je les aime mieux de cette manière que si on me les eût livrés pieds et mains liés. » En effet, après s'être défendus avec la dernière valeur, la plupart demeurèrent sur la place. Asdrubal poursuivit les fuyards et en fit un grand carnage.

Pendant que la cavalerie en était ainsi aux mains, les deux infanteries marchèrent aussi l'une contre l'autre. Le combat s'engagea d'abord au centre. Dès qu'Annibal s'aperçut que les

Romains se mettaient en mouvement,
il fit avancer les Espagnols et les Gaulois, qui étaient au milieu de la bataille, et qu'il commandait en personne. A mesure qu'ils s'approchaient
des ennemis, il fait courber la droite
et la gauche pour former un demi-
cercle, en manière d'un   renversé.
D'abord le centre des Romains, qui
était opposé aux Espagnols et aux
Gaulois, tombe sur eux. Après quelque résistance, ceux-ci commencent
à plier et à perdre du terrain. L
reste de l'infanterie romaine s'ébranle
pour les prendre en flanc. Ils recu-
lent selon l'ordre qu'ils en avaient re
çu, toujours en combattant, et re-
viennent jusqu'au terrain où ils

avaient été mis d'abord en bataille. Les Romains, voyant que les Espagnols et les Gaulois continuaient à plier, continuent aussi à les poursuivre. Alors Annibal, bien content de voir que tout réussissait selon son projet et sentant que le moment était venu d'agir avec toutes ses forces, ordonne à ses Africains de se replier à droite et à gauche sur les Romains. Ces deux corps qui étaient frais, bien armés, et en bon ordre, s'étant tournés tout d'un coup par une demi conversion vers ce vide et cet enfoncement dans lequel les Romains, déjà fatigués, s'étaient jetés en désordre et en confusion, les chargent des deux côtés avec vigueur, sans leur donner le temps de se reconnaître ni leur laisser du terrain pour se former.

Cependant la cavalerie numide de l'aile droite combattait aussi de son côté contre les ennemis qui lui étaient opposés, c'est-à-dire contre la cavalerie des alliés des Romains. Quoiqu'elle ne se fût pas beaucoup distinguée dans ce combat, et que l'avantage fût égal de part et d'autre, elle ne laissa néanmoins d'être fort utile dans cette occasion ; car elle donna assez d'affaire aux ennemis qu'elle avait en tête pour qu'ils n'eussent pas le temps de secourir leurs gens. Mais, lorsque l'aile gauche, où commandait Asdrubal, eut mis en déroute, comme nous l'avons dit; toute la cavalerie de l'aile droite des Romains, et qu'elle se fut jointe aux Numides, la cavalerie alliée des Romains n'attendit pas qu'on tombât sur elle, et lâcha pied.

Du côté d'Annibal, la victoire fut complète, et il la dut principalement, aussi bien que les précédentes, à la supériorité de sa cavalerie. Il y perdit quatre mille Gaulois, quinze cents tant Espagnols qu'Africains et deux cents chevaux.

Comme tous les officiers d'Annibal le félicitaient de sa victoire, et, regardant la guerre comme terminé, lui conseillaient de prendre quelques jours de repos pour lui et pour ses

soldats : « Donnez-vous en bien garde, » lui dit Maharbal, le comman-
dant de la cavalerie, qui était bien
persuadé qu'il n'y avait pas un moment à perdre, « car, afin que vous
sachiez, ajouta-t-il, de quelque con-
séquence est pour vous le gain de cette bataille, dans cinq jours je vous
fais préparer à souper dans le Capi-
tole. Suivez-moi seulement avec l'infanterie : je prendrai les devants à la
tête de ma cavalerie, afin qu'ils me
voient arriver avant qu'ils puissent
savoir que je me sois mis en marche.»
L'idée d'un pareil succès étonna Annibal par sa grandeur : il ne put y entrer tout d'un coup. Il répondit donc
à Maharbal *qu'il louait son zèle,*

mais qu'il fallait du temps pour délibérer sur sa proposition. Je le vois bien, reprit Maharbal, les dieux n'ont pas donné à un même homme tous les talents à la fois; VOUS SAVEZ VAINCRE, ANNIBAL, MAIS VOUS NE SAVEZ PAS PROFITER DE LA VICTOIRE. On convient assez généralement que ce jour passé dans l'inaction de la part d'Annibal sauva Rome et l'empire.

FUITE ET MORT D'ANNIBAL.

Quelques années après la bataille
de Zama, le sénat romain ayant fait
demander aux Carthaginois qu'ils lui
livrassent Annibal, il se sauva sur un
vaisseau et se retira auprès d'Antio-
chus-le-Grand, roi de Syrie, qui con-

sentit à le livrer aux Romains , mais ce héros malheureux ne lui en laissa pas le temps, et vint demander un asile à Prusias, roi de Bithynie. Les Romains ne le laissèrent pas plus tranquille chez Prusias que chez Antiochus ; car ils envoyèrent une ambassade au roi de Bithynie pour se plaindre de la retraite qu'il donnait à Annibal ; celui-ci en ayant été informé, voyant sa demeure entourée de soldats , et n'ayant d'autre espoir d'échapper à une honteuse captivité que par la mort, il s'empoisonna.

Telle fut la mort de ce grand homme, qui avait fait trembler les Romains pendant quarante ans, et après la mort duquel ils ne trouvèrent plus d'ennemi digne d'eux et capable de leur résister. Avec lui s'éteignit le flambeau de la liberté.

Limoges. — Impr. de Charles BARBOU.